FOTOGRAFÍAS: portada, Rex Features; pp. 4, 7 superior, 20 y 29 ambas, Bruce Coleman; pp. 6 izquierda, 7 inferior izquierda, 15, 17 superior, 18 y 22, The Enviromental Picture Library; p. 6 centro, The Hutchison Library; pp. 7 inferior central e inferior derecha y 25, The J. Allan Cash Library; pp. 10, 11, 13 y 23, Robert Harding; pp. 16 y 30 superior, Planet Earth; p. 17 inferior, Ivor Edmonds/ ICCE Photolibrary; pp. 19 y 21 inferior, Topham; p. 24, Rex Features; p. 30 inferior, Mary Evans Photo Library. ILUSTRACIONES: Ian Moores.

Colección coordinada por **Paz Barroso** y **María Córdoba**

Traducción del inglés: Fernando Bort

Título original: ACID RAIN

Un libro de Aladdin Books. Publicado por primera vez en inglés como *Save our Earth*. Diseñado y dirigido por Aladdin Books Limited.

© Aladdin Books Ltd., 1990
© Ediciones SM, 1990
   Joaquín Turina, 39 - 28044 Madrid

El autor, **Tony Hare**, es escritor, ecologista y presentador de televisión. Trabaja para varias organizaciones de medio ambiente, entre ellas el London Wildlife Trust, la British Association of Nature Conservationists y Plantlife.

Asesores: **Jack Karas** es investigador y trabaja en el Departamento de Investigación del Clima de la Universidad de East Anglia, Gran Bretaña.
Chris Rose es el director de la organización Media Natura, que se encarga de coordinar la relación entre los grupos conservacionistas y los medios de comunicación. También es asesor de medio ambiente para Greenpeace y Friends of the Earth.

Comercializa: CESMA, S.A. - Aguacate, 25 - 28044 Madrid

ISBN: 84-348-3369-7
Depósito legal: M-4750-1991
Fotocomposición: Grafilia, S.L.
Impreso en España / *Printed in Spain*
Imprenta: Melsa - Ctra. de Fuenlabrada a Pinto, km. 21,800 - Pinto (Madrid)

COLECCIÓN TIERRA VIVA

LA LLUVIA
ÁCIDA

Tony Hare

Asesores: Jack Karas y Chris Rose

ediciones SM Joaquín Turina 39   28044 Madrid

ÍNDICE

INTRODUCCIÓN

La lluvia es muy importante para nosotros. Todos los seres vivos necesitan agua para vivir, incluido el hombre y las plantas que nos proporcionan alimento. La lluvia nos suministra el agua que necesitamos, pero esta fuente de vida se está envenenando debido a la **contaminación** del aire. La contaminación procede principalmente de los combustibles que se queman en los coches, las viviendas, las fábricas y las centrales térmicas, y se combina con la humedad atmosférica para formar **ácidos** que posteriormente caen al suelo con la lluvia. La lluvia contaminada atenta contra la salud de las personas, destruye la vida en las lagunas, lagos y ríos, daña e, incluso, mata a los árboles y deteriora los edificios. Esta lluvia contaminada se llama **lluvia ácida.** Podemos evitar la lluvia ácida si las calderas de nuestras casas, las fábricas, las centrales térmicas y los automóviles contaminan menos la atmósfera. En cualquier caso, tenemos que actuar deprisa, porque el problema de la lluvia ácida se está agravando.

Las palabras que aparecen **en negrita** vienen explicadas en el vocabulario que hay al final del libro.

◄ **La lluvia llena nuestros lagos, embalses y ríos, suministrando el agua que utilizamos. También riega nuestros cultivos, permitiéndonos recolectar suficiente alimento para nosotros y para los animales que nos proporcionan carne y leche. En los desiertos del mundo, donde apenas llueve, la vida es una lucha constante contra la sequía y el hambre.**

LA CONTAMINACIÓN ATMOSFÉRICA

Cuando el aire contiene sustancias venenosas, sucias o dañinas, se dice que está contaminado. Hay diferentes fuentes de contaminación atmosférica. Las fábricas liberan sustancias de desecho de la industria a la atmósfera. Los agricultores rocían sus cultivos con insecticidas que a veces son transportados por el aire lejos de los campos a los que iban destinados. En las granjas con un gran número de cabezas de ganado, los excrementos de los animales liberan gases que también contaminan el aire. Las centrales térmicas queman carbón, gas natural y petróleo, y el humo y las emanaciones de sus chimeneas ascienden a la atmósfera. Los coches, camiones, trenes y autobuses queman gasolina o gasóleo y expelen por el tubo de escape gases nocivos.

La lluvia ácida está causada por algunos de estos tipos de contaminación, sobre todo por la de las centrales térmicas y los automóviles. Y es una de las consecuencias más serias y amenazadoras de la contaminación atmosférica, porque a largo plazo produce daños a las personas y al medio ambiente.

▼ ▶ La contaminación atmosférica procede de diversas fuentes. Estas fotografías (abajo) muestran algunos de los causantes de las sustancias contaminantes. La contaminación del aire es a veces tan grave que disminuye la visibilidad, como puede observarse en la foto de la derecha de la ciudad de Río de Janeiro (Brasil), donde los gases que expelen los tubos de escape de los muchos automóviles que circulan por sus calles influyen en la formación de niebla tóxica.

Chimenea
de una casa

Fábrica

Granja industrial

Tubos de escape
de automóviles

Central térmica

Fumigación con
fertilizantes

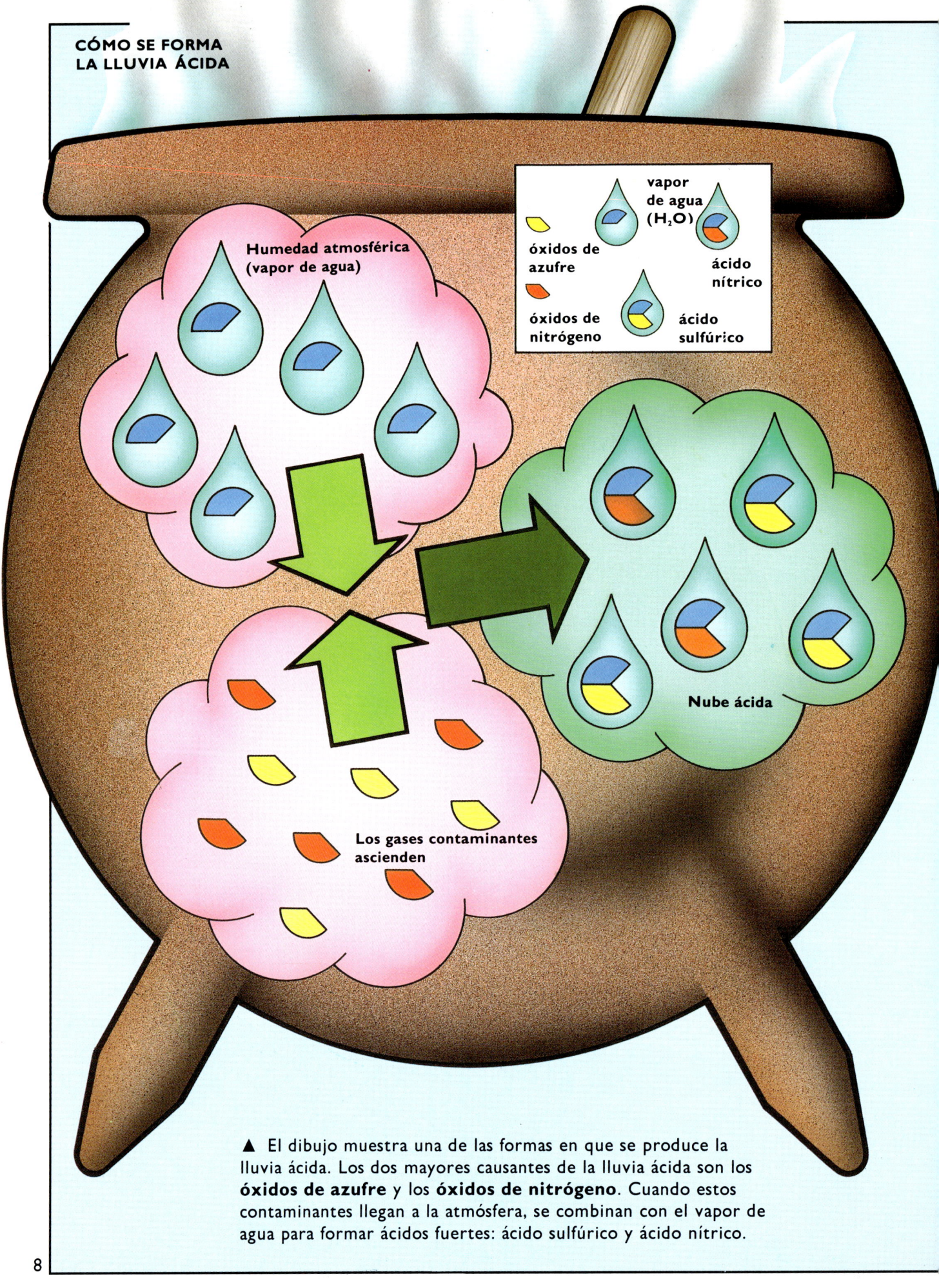

Humedad atmosférica
(vapor de agua)

vapor
de agua
(H₂O)

óxidos de
azufre

ácido
nítrico

óxidos de
nitrógeno

ácido
sulfúrico

Nube ácida

Los gases contaminantes
ascienden

▲ El dibujo muestra una de las formas en que se produce la lluvia ácida. Los dos mayores causantes de la lluvia ácida son los **óxidos de azufre** y los **óxidos de nitrógeno**. Cuando estos contaminantes llegan a la atmósfera, se combinan con el vapor de agua para formar ácidos fuertes: ácido sulfúrico y ácido nítrico.

¿QUÉ ES LA LLUVIA ÁCIDA?

Papel de tornasol

Líquido

▲ Un sencillo experimento para conocer el grado de acidez de la lluvia. Introduce un papel de tornasol en una muestra de lluvia. Cuanto más ácida sea, el papel se volverá de un rojo más intenso.

Algunos líquidos, como el jugo de limón y el vinagre, tienen un sabor agrio; esta acritud se llama acidez, y a estos líquidos se los conoce como ácidos. Se dice que el agua destilada es neutra; no tiene acidez alguna. El agua de lluvia normal es ligeramente ácida. Pero en zonas muy contaminadas, la lluvia puede ser tan ácida, o incluso más, que el jugo de limón o el vinagre.

Cuando los ácidos fuertes se introducen en ambientes naturales pueden causar graves daños a las plantas, a los animales y a las personas. Estos ácidos pueden incluso corroer gradualmente edificios y diversos materiales.

La mayor parte de los óxidos de azufre y de nitrógeno que se combinan con agua para formar lluvia ácida se producen al quemar combustible. El azufre existe de manera natural en el carbón, el petróleo y el gas natural, que desprenden óxidos de azufre. El nitrógeno se encuentra en los combustibles líquidos y en la atmósfera, y también se evapora de los fertilizantes agrícolas.

Pese a su nombre, la lluvia ácida no siempre es húmeda. Las sustancias que se combinan para formarla pueden también producir un polvo seco e invisible que, al caer en un determinado lugar, daña seriamente el medio ambiente.

▼ Las centrales térmicas son uno de los principales emisores de las sustancias químicas que producen la lluvia ácida. Al quemar combustible liberan por sus chimeneas sustancias contaminantes, entre ellas óxidos de azufre y de nitrógeno. Parte de la contaminación cae en los alrededores en forma de sedimento seco. El resto asciende llevado por el aire y se combina con el vapor de agua para formar ácidos, que caen posteriormente en forma de lluvia ácida.

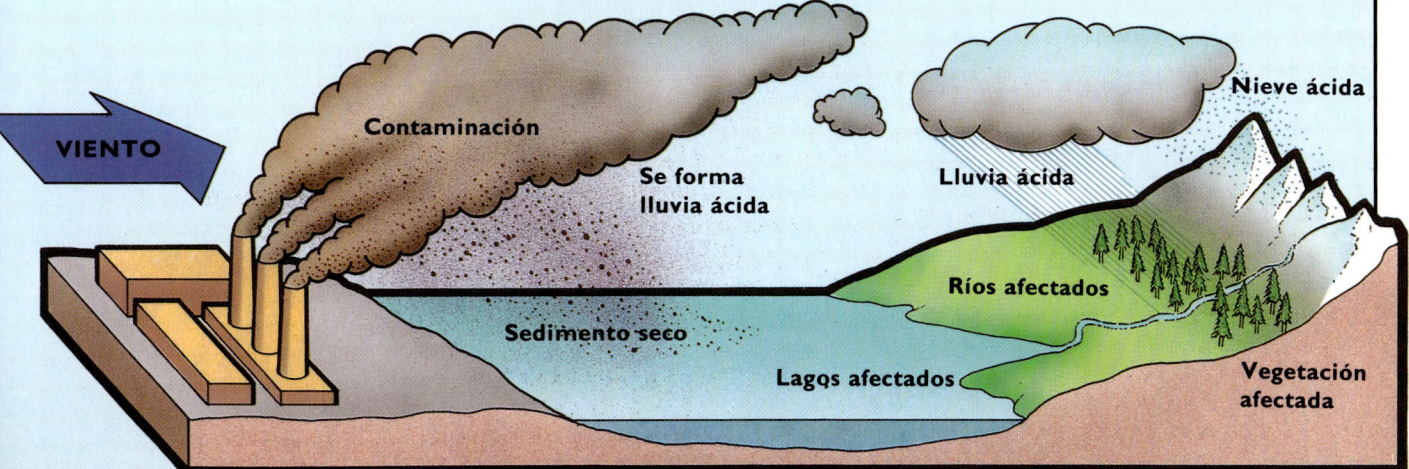

VIENTO

Contaminación

Se forma lluvia ácida

Nieve ácida

Lluvia ácida

Ríos afectados

Sedimento seco

Lagos afectados

Vegetación afectada

ACIDEZ CRECIENTE

En el siglo pasado, la gente comenzó a darse cuenta de que la suciedad expulsada por el creciente número de chimeneas de viviendas y fábricas estaba ocasionando la contaminación de la lluvia. Ya en épocas anteriores, la gente se había quejado del desagradable ambiente que creaba el humo de las chimeneas. Es posible, pues, que la lluvia ácida exista como resultado de la actividad humana desde hace cientos de años.

La lluvia ácida puede producirse de forma natural. Los volcanes, las turberas y las plantas en descomposición desprenden dióxido de azufre, uno de los óxidos de este elemento, de manera que participan en la formación de un tipo natural de lluvia ácida. Ésta es igualmente nociva para el medio ambiente, pero aparece en cantidades muy inferiores a la lluvia ácida causada por las sustancias contaminantes debidas a la actividad humana.

Entre los años 1950 y 1980, la lluvia que cayó sobre Europa multiplicó aproximadamente por diez su grado de acidez. Éste ha descendido durante la década de los ochenta, pero, aunque muchos países han comenzado a tomar medidas para frenar la contaminación que causa la lluvia ácida, el problema no está desapareciendo.

▼ Las sustancias nocivas no sólo aparecen en el medio ambiente como resultado de la actividad humana. El dióxido de azufre, por ejemplo, es expulsado por los volcanes cuando entran en erupción. A escala mundial, las fuentes naturales pueden producir la mitad de la contaminación ácida. Pero en zonas industriales, hasta el 90% del dióxido de azufre puede provenir de fuentes de origen humano.

Fuentes de origen humano 90%

Fuentes naturales 10%

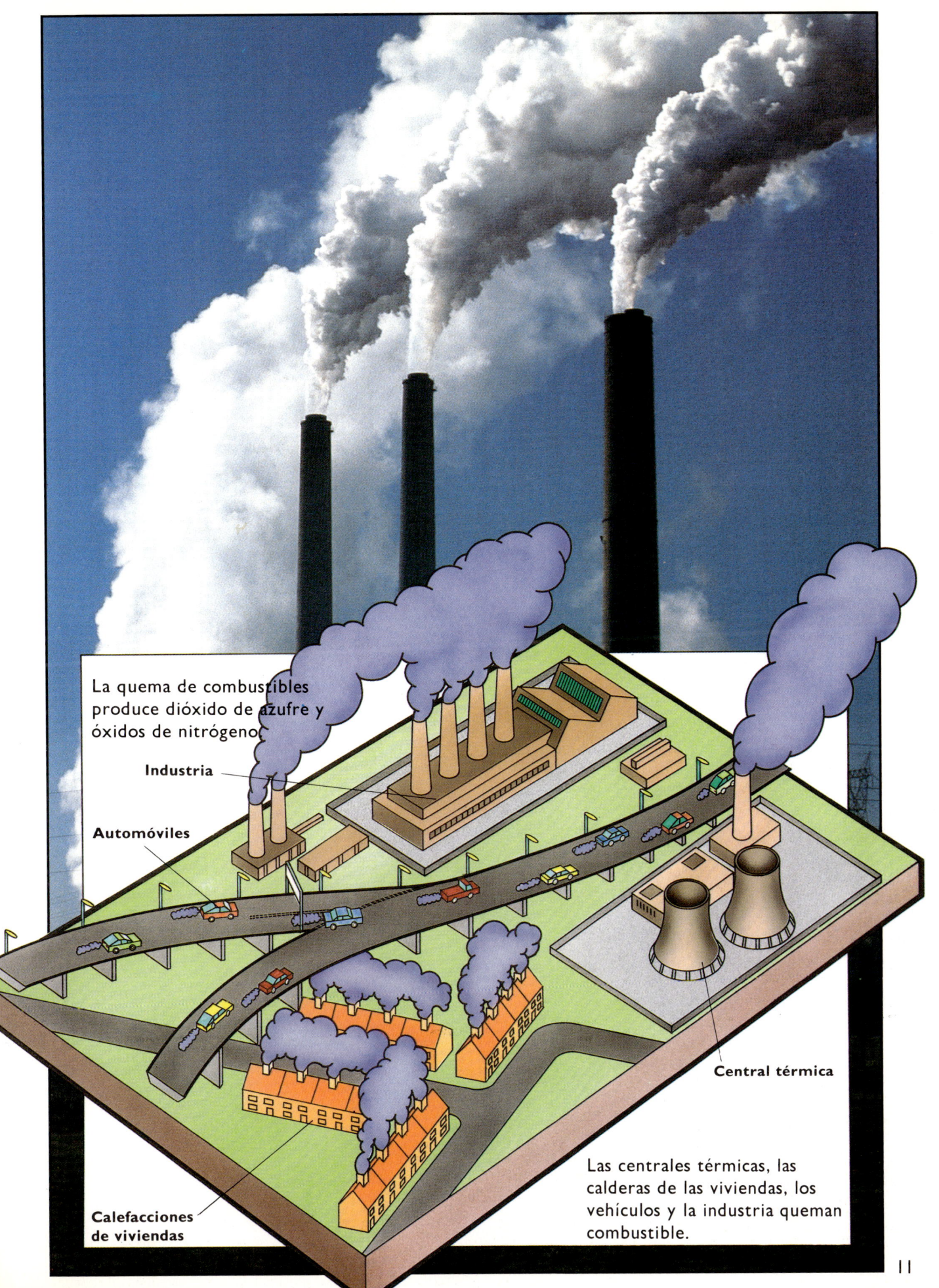

La quema de combustibles produce dióxido de azufre y óxidos de nitrógeno

Industria

Automóviles

Central térmica

Calefacciones de viviendas

Las centrales térmicas, las calderas de las viviendas, los vehículos y la industria queman combustible.

11

UN PROBLEMA MUNDIAL

Uno de los mayores problemas que presenta la lluvia ácida es que puede desplazarse desde los lugares en que se produce hasta otras zonas. Las altas chimeneas, construidas para asegurar que la contaminación de las industrias se aleje de las ciudades próximas, elevan la contaminación a la atmósfera. Cuando es atrapada por la humedad del aire, se forman ácidos, que permanecen en las nubes. Estas nubes son empujadas por el viento y a menudo llegan a lugares muy distantes de donde se originaron. Al cabo de dos o tres días, normalmente, los ácidos caen con la lluvia.

La lluvia ácida que se origina debido a la contaminación atmosférica puede caer cerca de la zona donde se ha originado. Por ejemplo, en Escocia cae la lluvia ácida producida por las cercanas fábricas inglesas. No obstante, la contaminación se «exporta» a menudo de un país a otro; por ejemplo, la contaminación de las áreas industriales de Gran Bretaña y otras partes de Europa ocasiona lluvia ácida en Escandinavia.

▼ En todo el mundo se produce la contaminación que ocasiona la lluvia ácida. La mayor parte de la contaminación ácida se produce en áreas con una gran actividad industrial, tales como Europa y Norteamérica, en el hemisferio norte; y los países de gran crecimiento industrial del sur de África, Suramérica y Asia, en el hemisferio sur.

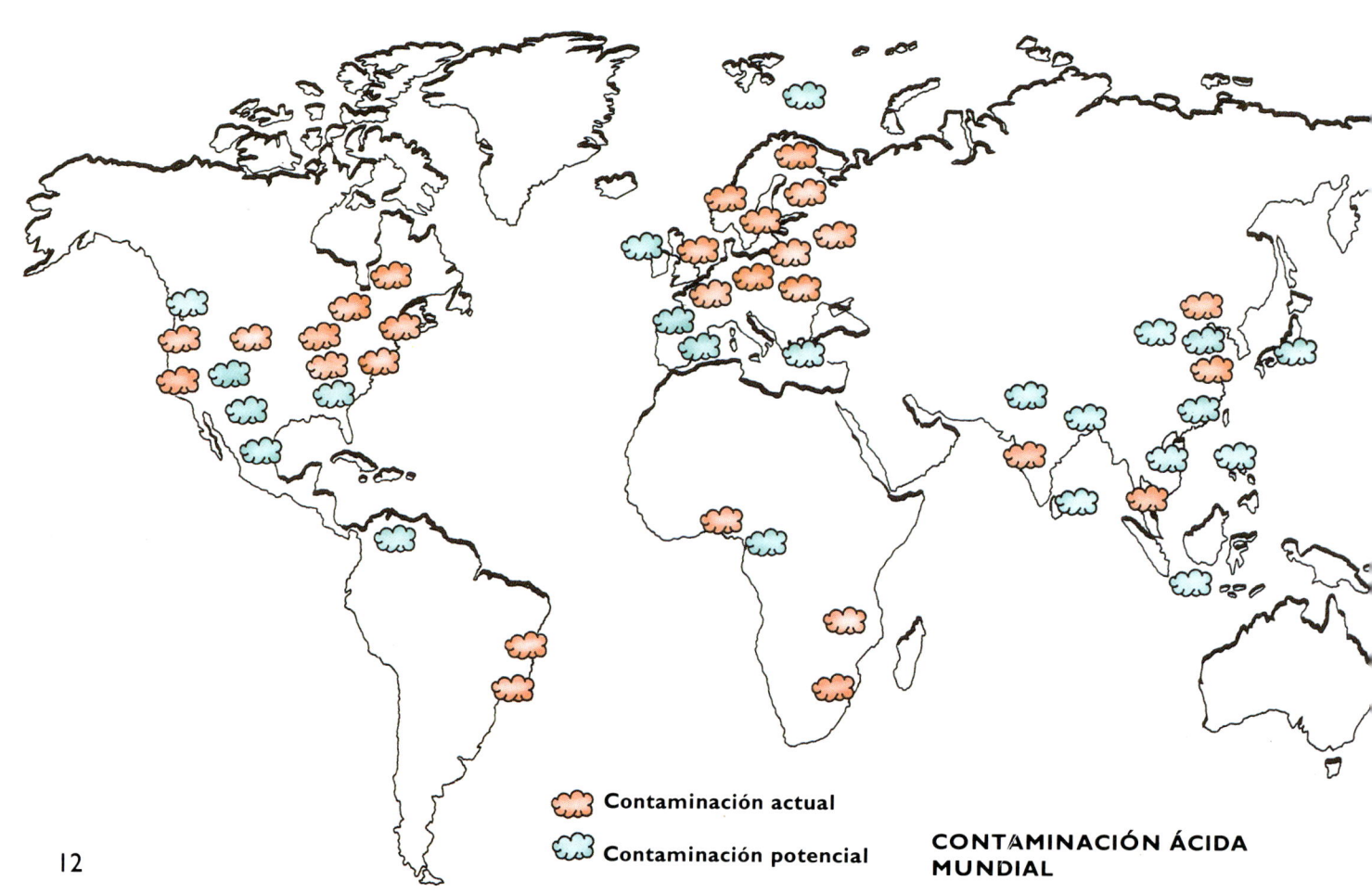

🌫 Contaminación actual

🌫 Contaminación potencial

CONTAMINACIÓN ÁCIDA MUNDIAL

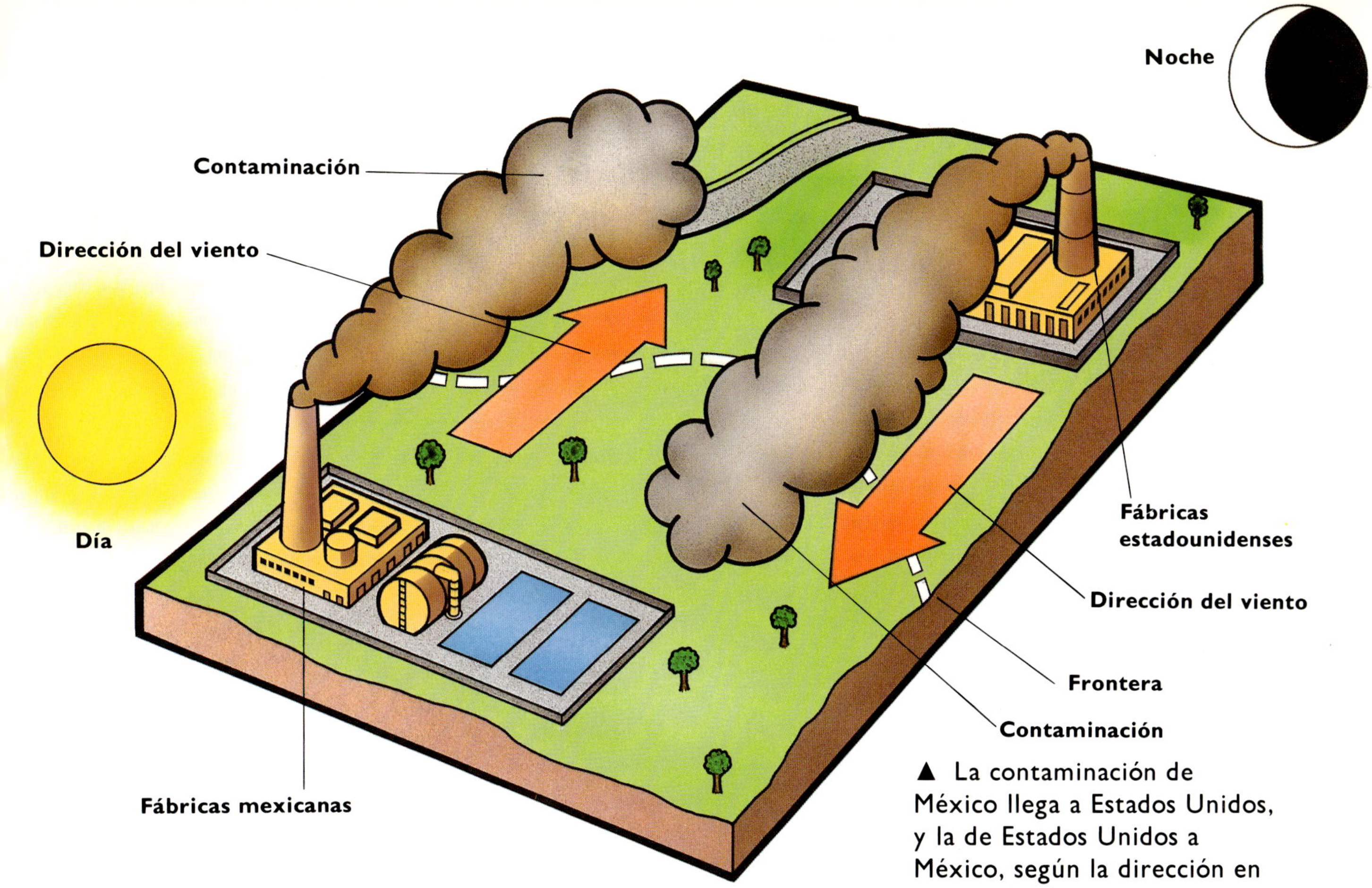

Noche

Contaminación

Dirección del viento

Día

Fábricas mexicanas

Fábricas estadounidenses

Dirección del viento

Frontera

Contaminación

▲ La contaminación de México llega a Estados Unidos, y la de Estados Unidos a México, según la dirección en que sople el viento.

A medida que los países en vías de desarrollo, como Tailandia (que puedes ver en esta foto), se van industrializando, construyen más carreteras y sus ciudades crecen. De la mano de este desarrollo viene un considerable incremento del número de automóviles, lo que produce a su vez una mayor contaminación atmosférica.

LOS LAGOS MUERTOS

La lluvia ácida daña la tierra sobre la que cae. También tiene un efecto dramático sobre la vida acuática cuando cae directamente en los lagos, llega hasta ellos deslizándose por las laderas de las montañas o es llevada por los ríos y arroyos. La mayoría de las plantas y animales que viven en lagos limpios y sin contaminar no tolera el agua ácida. Además, también pueden envenenar los lagos algunas sustancias que la lluvia ácida extrae del suelo circundante y arrastra hasta el agua.

Por todo el mundo existen lagos en los que la vida salvaje ha sido fuertemente dañada o ha desaparecido totalmente como resultado de la lluvia ácida. Miles de lagos en Escandinavia, por ejemplo, están muertos. Han recibido tanta lluvia ácida, originada en Gran Bretaña y otros países y transportada hasta allí por los vientos, que casi nada puede sobrevivir en ellos. Desde la década de los treinta y los cuarenta, algunos lagos en Suecia han aumentado hasta mil veces su grado de acidez.

► Los lagos que han sido seriamente contaminados por la lluvia ácida parecen a menudo limpios y transparentes. Por desgracia, el agua está tan clara porque está virtualmente desprovista de vida. Los lagos no contaminados rebosan de diminutas plantas y animales de muchas clases distintas. Cuando éstos desaparecen en los lagos ácidos, el agua queda clara pero sin vida.

► Un lago sin contaminar sirve de hogar a una larga cadena de seres vivos. Minúsculas plantas y animales sirven de alimento a los insectos, que son comidos por peces de pequeño tamaño, como el rutilo; y éstos, a su vez, por peces mayores, como el lucio, y por aves, como la garza. En cualquier caso, cuando el lago empieza a volverse ácido, la vida salvaje comienza a morir. Solamente algunos seres vivos soportan el agua ácida, como las algas y las hierbas acuáticas que tapizan el fondo del lago. Esto afecta seriamente a la cadena alimenticia, ya que los animales más grandes no tienen una fuente de alimento. Además, los peces se envenenan con el aluminio que la lluvia ácida arrastra desde la tierra circundante.

Garza
Nenúfar
Libélula
Perca
Caracol
Escribano del agua
Escarabajo buceador
Rutilo
Larva de libélula
Lucio
Anguila
Almeja de agua dulce

LAGO SANO

Libélula

Escarabajo
buceador

Escribano
del agua

Larva de
libélula

Hierbas y algas

LAGO ÁCIDO

DAÑOS CAUSADOS A LOS ÁRBOLES Y AL SUELO

La lluvia ácida también puede afectar a los bosques. En muchos países, los árboles están perdiendo sus hojas. Algunos se están muriendo. Con toda certeza, la lluvia ácida ha sido el principal causante del deterioro de los bosques.

La lluvia ácida somete a los árboles a unas condiciones de vida muy difíciles. Los árboles necesitan un suelo sano para poder vivir. Pero la lluvia ácida daña el suelo, ya que altera las distintas sustancias que lo componen y modifica el delicado equilibrio vegetal. Los árboles que crecen sobre suelo ácido pierden fuerza para resistir adversidades como las heladas o la sequía. Cuando los árboles se debilitan por estos motivos, están más expuestos a los ataques de virus, hongos e insectos causantes de plagas forestales.

La lluvia ácida no sólo daña el suelo, también puede afectar directamente a los árboles. El dióxido de azufre puede obstruir los diminutos poros de las hojas por los que la planta toma el aire que necesita para sobrevivir.

▼ La Selva Negra, en Alemania, fue uno de los primeros lugares donde los guardas forestales advirtieron el deterioro de los árboles debido a la lluvia ácida, que tanto ha afectado los bosques europeos durante los últimos 20 años. Aunque esta zona de la Selva Negra no ha sido muy dañada, otras partes están severamente afectadas por esta forma de contaminación, que ha perjudicado tanto a los árboles de hoja ancha (caducos) como a las coníferas (perennes).

▼ La contaminación ácida es la causa principal de que estos árboles checoslovacos hayan perdido sus hojas.

▲ Cuando los árboles afectados por la lluvia ácida pierden sus hojas, a veces tratan de reemplazarlas produciendo unas ramas cortas con nuevas hojas.

DESTRUCCIÓN DE EDIFICIOS

Cuando la lluvia ácida entra en contacto con los materiales de los edificios, estatuas, vidrieras, pinturas y otros objetos, puede dañarlos e, incluso, destruirlos. Poco a poco los va corroyendo, causándoles con el tiempo graves daños. Los materiales de construcción se desintegran, los metales se corroen, el color de la pintura se deteriora, el cuero se debilita y en la superficie de los cristales se va formando una costra.

En diversas partes del mundo, la lluvia ácida está dañado edificios de gran importancia histórico-artística. Por ejemplo, la piedra de los muros de la catedral de San Pablo, en Londres, se está desmoronando a causa de la lluvia ácida. En Polonia, el oro que cubre el tejado de la catedral de Cracovia se está corroyendo. El Taj Mahal, en la India, está amenazado por el humo y la lluvia ácida que proviene de las refinerías de petróleo. En Roma, la estatua de Marco Aurelio, obra de Miguel Ángel, ha sido retirada para protegerla de la contaminación del aire. Será difícil reparar los daños que han sufrido estos monumentos.

▼► La lluvia ácida está desintegrando lentamente edificios y estatuas famosos. Este claustro de la catedral de Oviedo (abajo) y la estatua de la derecha, en Polonia, están seriamente dañados por la lluvia ácida.

NIEBLA TÓXICA ÁCIDA

La contaminación del aire causada por la quema de combustibles, como el carbón, puede producir una niebla baja, sucia e infestada de humo, conocida como niebla tóxica. En el pasado, la niebla tóxica solía formarse en muchas ciudades como resultado del humo sucio, lleno de cenizas y otros residuos de las chimeneas de fábricas y viviendas. Esta clase de niebla es menos común hoy día gracias a las zonas verdes y al control de las emisiones de humo de las chimeneas. No obstante, contaminantes invisibles, como el dióxido de azufre, se pueden combinar con la humedad de la niebla para producir un tipo de niebla tóxica menos visible pero no menos peligrosa.

Los tubos de escape de los automóviles pueden producir también niebla tóxica. Cuando la luz del sol alcanza la mezcla de contaminantes producidos por los vehículos, que incluye hidrocarburos y óxidos de nitrógeno, se genera una niebla tóxica brumosa, llamada niebla y humo fotoquímicos. El **ozono** se forma en esta niebla junto con otras sustancias químicas perjudiciales, como el nitrato de peroxiacetilo, que afecta a los pulmones e irrita los ojos.

◄ El ozono es un gas incoloro. En la alta atmósfera forma una capa que filtra la radiación solar más peligrosa, haciendo posible la vida en la Tierra. Sin embargo, el ozono también se produce cerca de la superficie terrestre, en la niebla y el humo fotoquímicos, que puedes ver en la foto de esta ciudad situada cerca de la frontera de México con EEUU. El ozono de superficie es un contaminante peligroso. Por desgracia, no asciende para sumarse a la capa de la alta atmósfera, que está amenazada por otras formas de contaminación, especialmente los **CFCs** (clorofluorocarbonos) que proceden de los aerosoles y frigoríficos.

Calor del sol

Óxidos de nitrógeno e hidrocarburos

OZONO

Árboles debilitados

◄▲ La contaminación causada por el ozono de superficie puede dañar las hojas de las plantas. Toda clase de plantas corren peligro: hortalizas, frutales y todo tipo de árboles. El ozono también contribuye a la formación de lluvia ácida, pues ayuda a los óxidos de azufre a convertirse en ácido sulfúrico.

En el pasado, muchas ciudades padecieron la niebla tóxica. En Londres, miles de personas murieron por respirar aquel aire venenoso. En 1952, año en que fue tomada esta fotografía, perdieron la vida 4.000 personas.

Como consecuencia de los problemas causados por la contaminación atmosférica de los años cincuenta, se aprobó en el Reino Unido el Acta del Aire Limpio. Pronto disminuyó la contaminación de Londres.

Si se aprueban leyes y se vigila su cumplimiento, la contaminación del aire puede controlarse con éxito.

RESPIRANDO ÁCIDO

La lluvia ácida y los demás tipos de contaminación que la acompañan (nieve ácida, niebla tóxica ácida, sedimento seco y ozono de superficie) no sólo perjudican al medio ambiente, sino también a las personas. Respirar el ácido presente en la niebla tóxica o en el polvo seco puede ocasionar problemas respiratorios. El ozono de superficie también puede producir tos y dificultades respiratorias, y a veces causa irritación en los ojos, la nariz y la garganta. A las personas con asma les perjudican mucho estas formas de contaminación.

El polvo, el gas y las partículas pueden contener sustancias potencialmente cancerígenas. En particular, las partículas negras de hollín producidas por los motores diesel producen cáncer. Además, la lluvia ácida puede arrastrar aluminio a los embalses que nos proveen de agua corriente. Ciertas pruebas sugieren que, en algunos casos, el aluminio puede ser una de las causas del mal de Alzheimer, una enfermedad que provoca la pérdida de memoria y la falta de capacidad de concentración en las personas de edad avanzada.

▼▶ El aire de muchas ciudades está tan contaminado que las personas que han de permanecer largo tiempo a la intemperie, como los agentes de tráfico y los ciclistas, tienen que usar máscaras anticontaminación. En algunos periódicos y programas de radio se emiten partes que informan sobre los índices de contaminación. A menudo se aconseja a las personas que corren mayores riesgos, como los asmáticos, ancianos, niños pequeños y mujeres embarazadas, que no hagan grandes esfuerzos si el índice de contaminación es muy elevado.

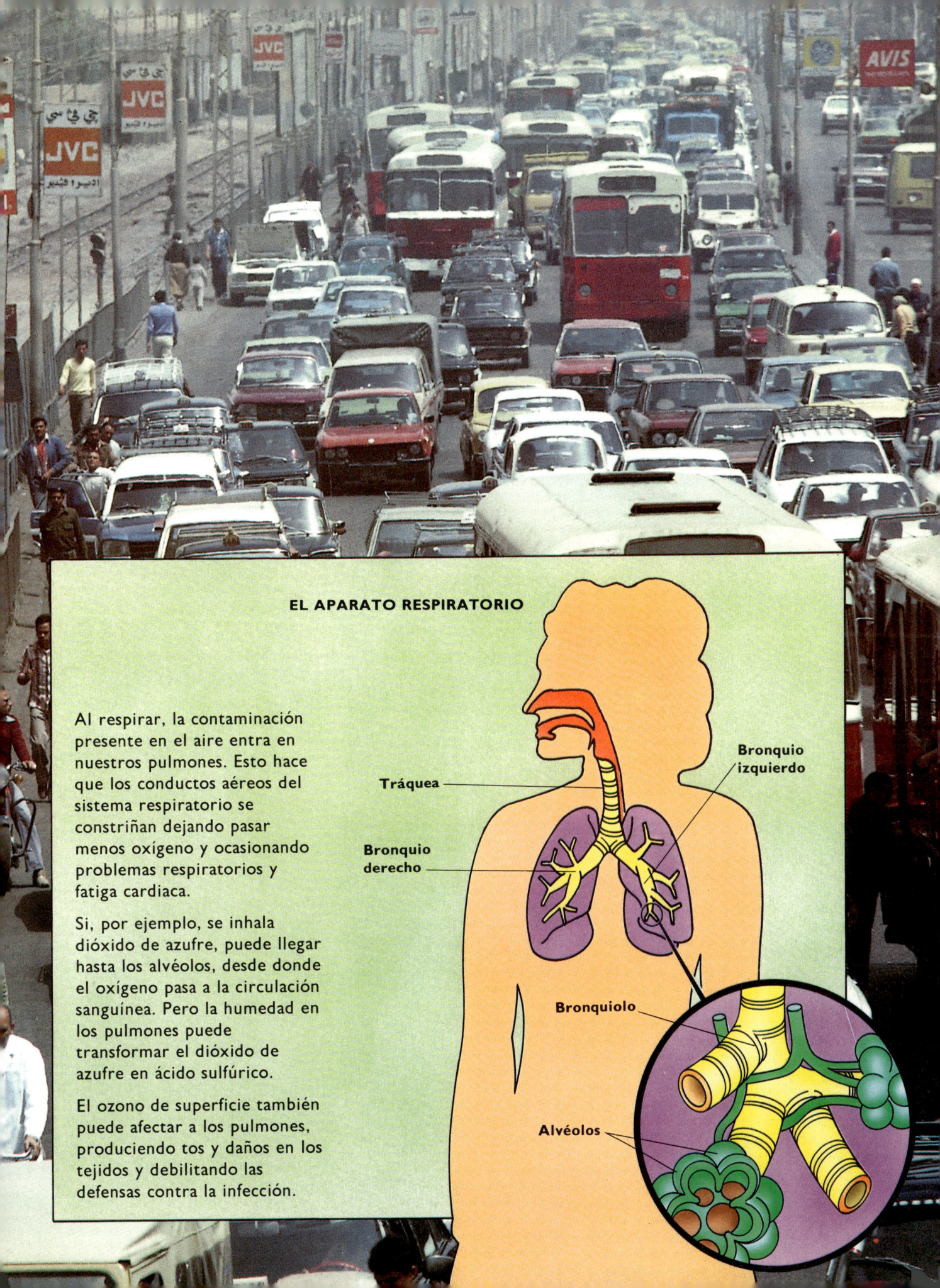

EL APARATO RESPIRATORIO

Al respirar, la contaminación presente en el aire entra en nuestros pulmones. Esto hace que los conductos aéreos del sistema respiratorio se constriñan dejando pasar menos oxígeno y ocasionando problemas respiratorios y fatiga cardiaca.

Si, por ejemplo, se inhala dióxido de azufre, puede llegar hasta los alvéolos, desde donde el oxígeno pasa a la circulación sanguínea. Pero la humedad en los pulmones puede transformar el dióxido de azufre en ácido sulfúrico.

El ozono de superficie también puede afectar a los pulmones, produciendo tos y daños en los tejidos y debilitando las defensas contra la infección.

Tráquea

Bronquio derecho

Bronquio izquierdo

Bronquiolo

Alvéolos

¿QUÉ SE PUEDE HACER?

El problema de la lluvia ácida puede atajarse. La depuración del humo de las fábricas y viviendas en las décadas recientes ha contribuido a su disminución, pero es preciso tomar más medidas para resolver este problema. Las medidas deben incluir:

- Limitar la contaminación de las centrales térmicas.
- Disminuir los gases de los tubos de escape de los automóviles. En muchos países se están introduciendo catalizadores de tres vías, que se acoplan a los tubos de escape y eliminan el 90% de los óxidos de nitrógeno y también otros contaminantes.
- Restringir el uso de automóviles, fomentando la utilización del transporte público y utilizando formas alternativas de transporte, como la bicicleta.
- Ahorrar energía en las viviendas y fábricas, e investigar y aplicar formas alternativas de energía, como la solar y la eólica.
- Aumentar las regulaciones sobre la producción de contaminación y controlar que se cumplan estas normas.

La contaminación del aire no es sólo un problema local, limitado a países concretos. Es un problema mundial, y en este momento es especialmente grave en Europa y en Norteamérica, donde mucha gente, como estos manifestantes de Greenpeace, ha protestado por ello.

En los años venideros, el problema de la lluvia ácida se irá volviendo más grave en muchas partes del mundo.

Se espera, por ejemplo, que la demanda de automóviles en los países en vías de desarrollo será tal que el número de coches en todo el mundo pronto se duplicará de uno a dos billones.

Emisiones de óxidos de nitrógeno eliminadas en un 90%

Filtro

Tubo de escape de un vehículo

KPG

▲ Los catalizadores transforman los óxidos de nitrógeno en nitrógeno y agua. Los gases reaccionan con los componentes químicos del filtro eliminando las emisiones perniciosas de óxidos de nitrógeno hasta en un 90%.

Humo libre en un 90-95% de azufre

El humo que emiten las centrales térmicas se puede limpiar.
La cantidad de dióxido de azufre producida se puede reducir mediante la instalación de filtros en las chimeneas. Los filtros contienen sustancias que reaccionan con la mayor parte del azufre contenido en el humo, a medida que éste asciende por las chimeneas. El producto final es un lodo que se puede convertir en material de construcción. La cantidad de óxidos de azufre puede reducirse también si en las centrales térmicas se quema carbón de bajo contenido en azufre. Asimismo puede disminuirse la contaminación quemando el carbón de manera más eficiente, lo que produce menos óxidos de azufre y de nitrógeno.

La cal y el agua reaccionan con el dióxido de azufre para formar un lodo compuesto de sulfito de calcio que después pasa a sulfato de calcio.

Entrada de humo

Cal y agua bombeadas

A partir del lodo se puede producir yeso.

¿QUÉ PUEDES HACER TÚ?

Te sugerimos algunas cosas que puedes hacer tú para ayudar a resolver el problema de la lluvia ácida:

- Usa el coche lo menos posible: ve al colegio caminando, en bicicleta o utilizando un medio de transporte público.
- Si la calefacción de tu casa es de carbón, consigue que tus padres la cambien por una que queme combustible sin humo.
- España va retrasada con respecto a muchos países en la eliminación de la contaminación causante de la lluvia ácida. Solidarízate con las campañas ecologistas. Escribe al presidente del Gobierno para pedirle una mayor protección del medio ambiente.

DIRECCIONES ÚTILES

Greenpeace España
C/ Rodríguez San Pedro, 58
28015 MADRID

Instituto Nacional de Meteorología
Ciudad Universitaria
28040 MADRID

CIEMAT (Centro de Investigaciones Energéticas y Medioambientales)
Departamento de Información y Documentación
Avenida Complutense, 22
28040 MADRID

Junta de Andalucía
Agencia de Medio Ambiente
Avenida de Eritaño, 1
SEVILLA

Instituto Nacional para la Conservación de la Naturaleza
Gran Vía de San Francisco, 35
28005 MADRID

ADENA
(Asociación para la Defensa de la Naturaleza)
C/ Santa Engracia, 6
28010 Madrid

HAZ UN MURAL

Es muy importante que la gente tome conciencia de los daños que puede producir la lluvia ácida. Una forma de divulgar esta información puede ser mediante un mural. Haz uno y cuélgalo en tu cuarto o en el colegio.

I. Piensa un titular que llame la atención.

2. Realiza una ilustración que ponga de relieve el peligro que corre el planeta. También puedes recortar fotografías de revistas y hacer un *collage.*

3. Resume en cuatro o cinco líneas qué está pasando con la lluvia ácida y por qué es tan importante.

4. Sugiere algunas cosas que se pueden hacer para evitar la lluvia ácida.

5. También puedes incluir algunas direcciones útiles, los símbolos que utilizan los productos «amigos del ozono» o los de las asociaciones que se preocupan por el medio ambiente.

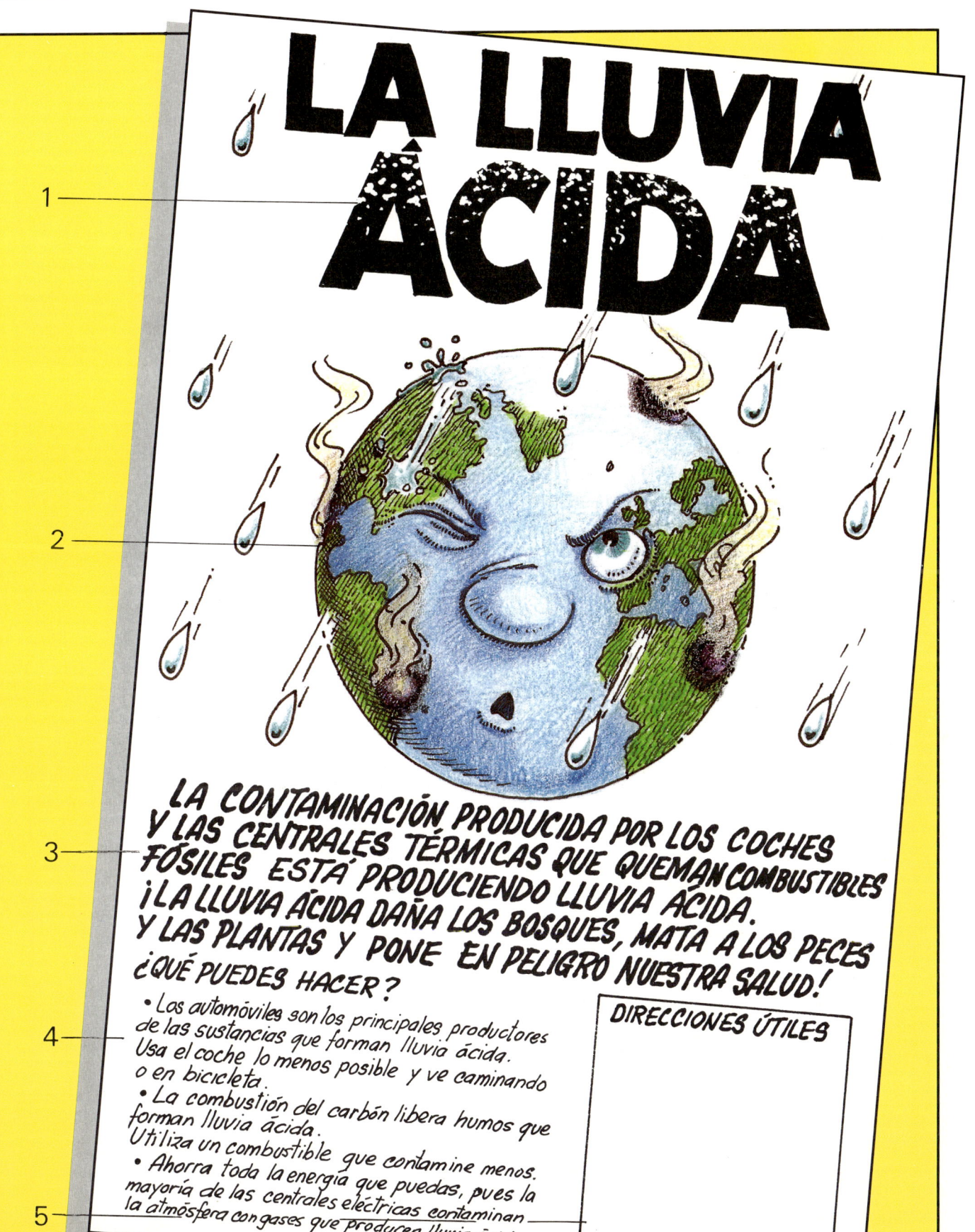

LA LLUVIA ÁCIDA

1

2

3 LA CONTAMINACIÓN PRODUCIDA POR LOS COCHES Y LAS CENTRALES TÉRMICAS QUE QUEMAN COMBUSTIBLES FÓSILES ESTÁ PRODUCIENDO LLUVIA ÁCIDA. ¡LA LLUVIA ÁCIDA DAÑA LOS BOSQUES, MATA A LOS PECES Y LAS PLANTAS Y PONE EN PELIGRO NUESTRA SALUD!

¿QUÉ PUEDES HACER?

4 • Los automóviles son los principales productores de las sustancias que forman lluvia ácida. Usa el coche lo menos posible y ve caminando o en bicicleta.

• La combustión del carbón libera humos que forman lluvia ácida. Utiliza un combustible que contamine menos.

5 • Ahorra toda la energía que puedas, pues la mayoría de las centrales eléctricas contaminan la atmósfera con gases que producen lluvia ácida.

DIRECCIONES ÚTILES

FICHA DE SÍNTESIS

Reducir la contaminación de los vehículos

Si utilizásemos el transporte público en lugar de usar el coche, disminuiría la contaminación. El dióxido de carbono emitido por un autobús es menor que el que de 20 coches. Además, ciertos tipos de transporte público, como este tren, se mueven con energía eléctrica. En algunas ciudades se restringe el número de automóviles que pueden circular por ellas; en otras, los conductores han de pagar para poder circular. En unas pocas ciudades, los coches están totalmente prohibidos en todo el centro urbano, o el tráfico se restringe cuando suben de forma alarmante los niveles de contaminación. Se está investigando sobre motores que consuman menos. Ya existen prototipos que consumen sólo un litro para recorrer entre 20 y 42 kilómetros, alrededor del doble de distancia por la misma cantidad de gasolina que la que pueden recorrer los coches actualmente.

La escala de pH

La escala de pH muestra lo ácida o alcalina que es una sustancia. Cuanto más bajo sea el pH, más ácida es la sustancia. El vinagre, el ácido de las baterías y el vino son ejemplos de ácidos. Las sustancias como la leche y la lejía son lo contrario de los ácidos, y se llaman álcalis o bases. Éstos tienen un pH alto. La lluvia no contaminada tiene un pH de alrededor de 5,6. Para la lluvia ácida se ha registrado un pH tan bajo como 2,4. Esta cifra puede no parecer alarmante, pero hay que considerar que por cada unidad que el pH desciende, la acidez aumenta 10 veces.

Niveles de tolerancia

Son niveles de contaminación calculados por los científicos. Si estos **niveles de tolerancia** son rebasados, los ecosistemas quedan gravemente dañados. Para que los **ecosistemas** sobrevivan, la contaminación debe mantenerse por debajo de los niveles de tolerancia. Ciertos estudios han demostrado que sería necesario disminuir en un 70% el sedimento de azufre para permitir la recuperación de los ecosistemas de agua dulce dañados por la lluvia ácida en Gran Bretaña.

La nieve ácida

El ácido no sólo está presente en la lluvia, la niebla tóxica y el sedimento seco; también puede caer con la nieve. La nieve contaminada es sucia y gris. La nieve retiene el ácido mientras el tiempo es frío; pero cuando sube la temperatura, se va liberando el ácido a medida que la nieve se funde. Esto puede causar graves daños a la vida acuática.

Daño a los bosques

En muchas partes del mundo, la lluvia ácida y el ozono de superficie están acabando con la vida de los bosques. La lluvia ácida ha afectado a estas agujas de pino (derecha). Los bosques de Europa del Este se encuentran entre los más dañados. En el Reino Unido, los bosques de New Forest y Epping están dentro de las áreas más afectadas. El bosque de San Bernardino, cerca de Los Ángeles, está seriamente dañado por la contaminación causada por el ozono de superficie, y muchos pinos han muerto. Aproximadamente un 30% de los bosques españoles también se han deteriorado a causa de la contaminación atmosférica.

Energía limpia

Una manera de eliminar la contaminación producida por las centrales térmicas que queman combustible fósil (como carbón, petróleo y gas natural) es reemplazarlas por otras centrales eléctricas que liberen mucha menos o incluso nada de contaminación a la atmósfera. Hay un potencial inmenso en todo el mundo para producir energía natural y limpia, como la que generan las torres eólicas que puedes ver en la foto, en las islas Orcadas. Muchos países utilizan energía hidroeléctrica aprovechando los caudales de agua para generar electricidad. La energía nuclear también elimina la necesidad de quemar combustible fósil, aunque su utilización trae consigo otros riesgos. En el futuro, el viento, las olas y las mareas serán progresivamente aprovechadas para producir energía limpia.

Limpieza del carbón

El carbón puede limpiarse quitándole parte de los óxidos de azufre y de nitrógeno que emite cuando se quema. El método más empleado para llevarlo a cabo es el lavado del carbón, en el que se muele finamente y luego se introduce en agua: el carbón flota, mientras que el resto, que incluye sustancias que contienen azufre, se hunde.

Efectos sobre los peces

Las truchas y los salmones están entre los primeros peces que mueren cuando los lagos y ríos se ven afectados por la lluvia ácida. En 1900, los pescadores capturaron 30.000 kilos de salmón en los siete ríos principales de Noruega meridional, que podemos ver en el grabado inferior, pero desde 1970 no se ha pescado aquí un solo salmón.

VOCABULARIO

Ácido: Sustancia que suele tener un sabor agrio, semejante al vinagre, y que enrojece la tintura de tornasol cuando son líquidos o están disueltos.

CFCs: Clorofluorocarbonos. Son gases artificiales que se usan en muchos productos, entre ellos los aerosoles, las neveras, las espumas sintéticas, etc.

Contaminación: Se produce cuando se encuentran sustancias provenientes de fuentes naturales o humanas en cantidades indeseables en el ambiente. La contaminación debida a fuentes naturales, como la causada por el humo volcánico, es muy inferior a la producida por el hombre.

Ecosistema: Conjunto de seres vivos y el ambiente en que viven, que funciona como una unidad.

Lluvia ácida: Lluvia nociva para la naturaleza y el hombre, que se forma debido a la contaminación. Otros tipos de contaminación ambiental que se dan en circunstancias parecidas a la lluvia ácida son la nieve ácida, la niebla ácida, el sedimento seco y el ozono de superficie.

Nivel de tolerancia: Nivel máximo estimado de contaminación que un ecosistema puede tolerar sin sufrir un daño grave.

Óxidos de azufre: Se liberan como resultado de la quema de combustible, y contribuyen a la formación de lluvia ácida al convertirse en ácido sulfúrico y sulfatos en la atmósfera cuando se combinan con agua. El más conocido de ellos es el dióxido de azufre.

Óxidos de nitrógeno: Se producen al quemar combustible, y también se evaporan a partir de los fertilizantes que se utilizan en grandes cantidades en la agricultura moderna. Ayudan a la formación de lluvia ácida convirtiéndose en ácido nítrico en la atmósfera cuando se combinan con agua.

Ozono: Gas incoloro que se encuentra en la alta atmósfera formando una capa que protege nuestro planeta de la peligrosa radiación solar ultravioleta. El ozono también se forma cerca de la superficie de la Tierra, cuando la luz solar alcanza la contaminación producida por los vehículos. Este ozono de superficie es una forma de contaminación, y produce daños a las plantas y a las personas. Se detecta especialmente en ciudades con muchas horas de luz y altos índices de contaminación.

ÍNDICE ALFABÉTICO